Ο ΚΥΡΙΟΣ ΦΑΣΑΡΙΑΣ

by Roger Hargreaves

χάρτινη πόλη®

Ο **κύριος Φασαρίας** ήταν ένας
πολύ πολύ θορυβώδης τύπος.
Όταν διάβαζε, φώναζε τόσο δυνατά,
που μπορούσες να τον ακούσεις
από χιλιόμετρα μακριά.

Όπως θα ξέρετε,
όταν κάποιος φτερνίζεται,
ακούγεται στο διπλανό δωμάτιο.
Όταν όμως φτερνιζόταν ο κύριος Φασαρίας,
ακουγόταν σε όλες τις γειτονικές χώρες...

Η ιστορία αρχίζει κάποιο καλοκαιρινό πρωινό.
Ο κύριος Φασαρίας κοιμόταν στο σπίτι του,
που βρισκόταν στην κορυφή ενός λόφου.

Κοιμόταν και ροχάλιζε.
Και όταν λέμε ροχάλιζε...
δεν ροχάλιζε απλώς, αλλά ροχάλιζε
σαν ένα ολόκληρο κοπάδι ελέφαντες!
Είχε ένα μοναδικό ροχαλητό.

Ξαφνικά, χτύπησε το ξυπνητήρι του.
Το ξυπνητήρι του κυρίου Φασαρία
δεν έμοιαζε καθόλου με τα άλλα ξυπνητήρια.
Ακουγόταν σαν σειρήνα πυροσβεστικής!
Ο κύριος Φασαρίας ξύπνησε.
Μαζί με τον κύριο Φασαρία όμως, ξύπνησαν
και όλοι οι κάτοικοι της **Τρανταχτούπολης**,
που βρισκόταν στους πρόποδες του λόφου
όπου έμενε ο κύριος Φασαρίας.

Ο κύριος Φασαρίας πλύθηκε, ντύθηκε
και ξεκίνησε για να κάνει τα ψώνια του.
Βγήκε από το σπίτι του,
χτυπώντας δυνατά την εξώπορτα πίσω του.
Μπααπ!
Η πόρτα τραντάχτηκε!
Το σπίτι τραντάχτηκε!
Ολόκληρος ο λόφος τραντάχτηκε!
Η Τρανταχτούπολη τραντάχτηκε!
Ακόμα και ένα πουλί που πετούσε
στον ουρανό τραντάχτηκε!

Ο κύριος Φασαρίας κατηφόρισε τον λόφο.

Κλατς! Κλουτς! Κλατς!

Πρώτα μπήκε στον φούρνο.

Κρακ! Άνοιξε την πόρτα.

Μπαμ! Έκλεισε την πόρτα.

«Θα ήθελα μία φραντζόλα ψωμί!»

ούρλιαξε στην κυρία Προζυμάκη...

Η κυρία Προζυμάκη, τρέμοντας,

του έδωσε μια φραντζόλα.

Αμέσως μετά, πέρασε απέναντι
στο μαγαζί του κυρίου Μεζεδάκη.
Κλατς! Κλουτς! Κλατς!
Κρακ! Άνοιξε την πόρτα.
Μπαμ! Έκλεισε την πόρτα.
«Θα ήθελα ένα κιλό κρέας!»
ούρλιαξε στον κύριο Μεζεδάκη...
Ο κύριος Μεζεδάκης, τρέμοντας,
του έδωσε ένα κιλό κρέας.

Λίγο αργότερα, ο κύριος Μεζεδάκης
συνάντησε την κυρία Προζυμάκη στον δρόμο.
«Πρέπει να κάνουμε κάτι με τον κύριο Φασαρία!
Δεν είναι κατάσταση αυτή!» είπε.
«Οπωσδήποτε», συμφώνησε
η κυρία Προζυμάκη. «Τι όμως;»
«Έχω ένα σχέδιο...» είπε ο κρεοπώλης
και ψιθύρισε κάτι στο αφτί της φουρνάρισσας.
Η κυρία Προζυμάκη άρχισε να χαμογελά
και στο τέλος έσκασε στα γέλια!
«Κύριε Μεζεδάκη, νομίζω ότι
το σχέδιό σας είναι τέλειο...» είπε.

Το επόμενο πρωί ο κύριος Φασαρίας κατέβηκε και πάλι για ψώνια στην Τρανταχτούπολη.

Κλατς! Κλουτς! Κλατς!

...και μπήκε στον φούρνο.

«Θα ήθελα μία φραντζόλα ψωμί!» φώναξε.

«Συγγνώμη... Τι είπατε;» ρώτησε η κυρία Προζυμάκη.

«Θα ήθελα μία φραντζόλα ψωμί!»
φώναξε πιο δυνατά.

«Συγγνώμη...» επανέλαβε η κυρία Προζυμάκη, βάζοντας το χέρι στο αφτί της, «μπορείτε να το επαναλάβετε, παρακαλώ;»

«Θέλω... μία... φραντζόλα... ψωμί!»
ούρλιαξε ο κύριος Φασαρίας.

«Δεν σας ακούω», αποκρίθηκε η φουρνάρισσα.

Ο κύριος Φασαρίας απογοητεύτηκε και βγήκε από το μαγαζί.

Πέρασε τον δρόμο και μπήκε στο κρεοπωλείο.
«Θα ήθελα ένα κιλό κρέας!» φώναξε.
Ο κύριος Μεζεδάκης προσποιήθηκε
πως δεν τον άκουσε.
«Θα ήθελα ένα κιλό κρέας!»
φώναξε πιο δυνατά.
«Είπατε τίποτα;» ρώτησε ο χασάπης.
**«Είπα... ότι... Θα... ήθελα... ένα... κιλό...
κρέας!»** ούρλιαξε ο κύριος Φασαρίας.
«Πώς είπατε;» επανέλαβε ο κύριος Μεζεδάκης.
Ο κύριος Φασαρίας τα παράτησε και βγήκε έξω.
Επέστρεψε σπίτι του και έπεσε στο κρεβάτι του...
πεινασμένος!

Την επόμενη μέρα, ο κύριος Φασαρίας
προσπάθησε ξανά να ψωνίσει...
Πήγε στον φούρνο...
«Θα ήθελα μία φραντζόλα ψωμί!» φώναξε.
«Μία... τι;» ρώτησε η κυρία Προζυμάκη.
Ο κύριος Φασαρίας άρχισε να φωνάζει
όσο πιο δυνατά μπορούσε.
«Μία... φραντζόλα... ψω...» και σταμάτησε.
Σκέφτηκε... ξανασκέφτηκε... και είπε σιγανά...
«Θα ήθελα μια φραντζόλα ψωμί, σας παρακαλώ,
κυρία Προζυμάκη».
Η φουρνάρισσα χαμογέλασε...
«Αμέσως!» του απάντησε.

Ύστερα πήγε στον κρεοπώλη.
«Θα ήθελα ένα κιλό κρέας!» φώναξε.
«Είπατε κάτι;» ρώτησε ο κύριος Μεζεδάκης.
«Είπα... Θα... ήθελα... έ...» και αμέσως σταμάτησε.
Σκέφτηκε... ξανασκέφτηκε... και είπε σιγανά...
«Θα ήθελα ένα κιλό κρέας, σας παρακαλώ,
κύριε Μεζεδάκη».
Ο κρεοπώλης χαμογέλασε.
«Με μεγάλη μου χαρά», του απάντησε.

Έτσι, ο κύριος Φασαρίας χαρούμενος, με τα ψώνια του στο καλάθι, ανηφόρισε τον λόφο προς το σπίτι του!

Κλατς! Κλουτς! Κλατς!

Ξαφνικά σταμάτησε...
Σκέφτηκε... και ξανασκέφτηκε...
Και ξέρετε τι έκανε;
Περπάτησε στις μύτες των ποδιών του...
Ο κύριος Φασαρίας δεν είχε περπατήσει
ποτέ στις μύτες των ποδιών του.
Τι πλάκα που είχε!

Ο κύριος Φασαρίας έφτασε
μπροστά στην εξώπορτα.
Σήκωσε το χέρι του να ανοίξει
την πόρτα μα σταμάτησε...
Σκέφτηκε... ξανασκέφτηκε...
Και ξέρετε τι έκανε, έτσι δεν είναι;
Άνοιξε την πόρτα πολύ πολύ ήσυχα...
Μπήκε στο σπίτι και έκλεισε την πόρτα
πίσω του εντελώς αθόρυβα...
Ήσυχα και αθόρυβα ήταν δύο πράγματα
που ο κύριος Φασαρίας δεν είχε ποτέ
ξαναδοκιμάσει.

Τι πλάκα που είχαν!

Και ξέρετε κάτι;
Από τότε, ο κύριος Φασαρίας
δεν είναι καθόλου θορυβώδης,
όπως συνήθιζε...
Και ξέρετε και κάτι άλλο;
Οι κάτοικοι της Τρανταχτούπολης
είναι πολύ ευχαριστημένοι
που συνέβη αυτό,
ιδιαίτερα ο κύριος Μεζεδάκης
και η κυρία Προζυμάκη.
Και δεν έχετε μάθει ακόμα το σπουδαιότερο...

Ο κύριος Φασαρίας
έμαθε πώς να...
ψιθυρίζει!